ADAPTACIÓN PARA
LECTURA CORAL DE LA
APOLOGÍA DE SÓCRATES

SEMINARIO DE CULTURA JURIDICA

ADAPTACIÓN PARA LECTURA CORAL DE LA APOLOGÍA DE SÓCRATES

Gustavo de la Rosa Hickerson

Número de Control de la Biblioteca del
Congreso de EE. UU.:   2012915368
ISBN: Tapa Blanda   978-1-4633-3792-6
                   Libro Electrónico   978-1-4633-3791-9

**Para pedidos de copias adicionales de este libro,
por favor contacte con:**
Palibrio
1663 Liberty Drive
Suite 200
Bloomington, IN 47403
Llamadas desde los EE.UU. 877.407.5847
Llamadas internacionales +1.812.671.9757
Fax: +1.812.355.1576
ventas@palibrio.com
403445

ÍNDICE

I.-

LA LECTURA COMO ESTRATEGIA
DE APRENDIZAJE

1.-

INTRODUCCIÓN

La cultura industrial aplicada al trabajo académico.

En un plano contextual debemos subrayar un aspecto de la cultura que ha caracterizado a Ciudad Juárez y que debemos reclamar como parte de las fortalezas de la región.

Aquí miles de personas se presentan puntualmente a su puesto de trabajo, a las 6:00 de la mañana. Trabajan eficazmente durante su jornada, alcanzando la cantidad e intensidad requerida por la labor, lo hacen bajo supervisión y el producto es sometido a rigurosos procesos de control de calidad.

Proponemos que el alumno en el desarrollo de sus estrategias de aprendizaje sea influenciado por este esquema de trabajo.

Puntualidad
Dedicación
Cumplimiento oportuno
Supervisión
Control de calidad.

Apología es la primera lectura que enfrentan los alumnos en el curso, y atendiendo la circunstancia de ser un curso de nivel inicial, encontramos que los alumnos egresados de preparatoria, tienen mayores dificultades con la lectura, y por lo tanto el abordaje de la materia debe ser riguroso pero a la vez cauteloso, y buscar los saberes y habilidades de los alumnos para la lectura.

Iniciamos con una lectura en voz alta de la versión prosificada, y la complementamos con discusiones de temas importantes ligados al derecho.

En esta primera parte, descubrimos las deficiencias de los alumnos al leer en voz alta, y sugerimos como los superen, advirtiéndoles que al término del mes se hará una presentación pública del trabajo y que deben estar listos para sostener una lectura correcta, con la debida entonación, tiempo y sincronización en la lectura.

También descubrimos casos de impedimentos para la lectura, y para el hablar, dificultades en la visión, en la sincronización lógica entre el leer y el comprender, o el comprender y el verbalizar, casos de timidez aguda, en fin casos especiales que podemos canalizar al departamento correspondiente.

Antígona es el segundo texto, y por ser una obra de teatro clásico del género dramático, con importantes reflexiones sobre el derecho, la trabajamos con lecturas en equipos, y preparación para sus lecturas en el salón de clase en tono teatral, se hace un concurso interno para encontrar a los mejores lectores, que van a competir con los mejores lectores del otro grupo de seminario y del grupo de introducción al derecho.

La Política de Aristóteles (una selección), El Príncipe (capítulos fundamentales), El discurso acerca de la desigualdad de los hombres y el Manifiesto Comunista (Lo básico) se trabajan con la técnica de lectura "don Arnulfo" y finalmente se presentan en un simposio donde discuten los seis autores sobre temas de importancia jurídica en un juego de roles.

2.-

APLICACIÓN DEL PROCEDIMIENTO DE TRABAJO INDUSTRIAL AL APRENDIZAJE

Considero que esta es una propuesta constructivista y critica. Y pareciera confrontarse con las ideas básicas del mismo que fundamentan el aprendizaje del alumno a partir de su entorno, sus posibilidades y habilidades.

Y el método que propongo reflejado en la producción industrial, suena como demasiado masificador y al parecer no contempla las particularidades individuales.

Yo sostengo que por el contrario para que los alumnos diseñen estrategias propias de aprendizaje, deben convencerse de que hay presupuestos inevitables, ineludibles que son básicas en sus estrategias. Y uno de ellas es la lectura, para la cual deben diseñar también una estrategia...

Creo que una de las debilidades del sistema de educación universitario en México, consiste en esta ausencia y todavía lo encontramos muy artesanal.

Para pasar a una etapa de mayor aprovechamiento de el esfuerzo para el aprendizaje sugiero los siguientes pasos.

PRIMERO.- Presentarse puntualmente al lugar de trabajo o estudio.

Como en la industria el presupuesto de todo proceso de producción o de aprendizaje científico y académico, consiste en que se debe agendar el tiempo específico y de calidad exclusivamente para Trabajar, estudiar o aprender,

Que cada quien diseñe una estrategia para aprender, no quiere decir que pueda decidir entre estudiar o no. Y para estudiar necesita tiempo diario dedicado - -"ad hoc" con un horario de inicio y termino.

También se necesita que el lugar de la lectura sea el adecuado.

En el trabajo industrial Juárense, hay muchas áreas de trabajo "limpias "con climatización y limpieza de aire controlados exactamente para producir materiales médicos.

El lugar donde se va a leer debe ser adecuado, climatizado, con suficiente y buena luz, puede acondicionarse con música, con aromas. Con café, refrescos o te, un buen diccionario, servicio de Internet proyectado, con acceso a literatura especializada, y con accesorios que faciliten al alumno una buena sesión de lectura.

SEGUNDO.- El tiempo de estudio se usa para estudiar.

La mayoría de los alumnos dedican como tiempo intencionado de estudio, exclusivamente el tiempo que están en el salón de clase, y el tiempo que requieren para prepararse a presentar sus exámenes.

Ahora bien de el tiempo que se dedica a la sesión presencial, el mayor esfuerzo lo realiza el maestro al exponer, o los alumnos que les corresponde presentar el tema del día. Los otros alumnos pasan ese tiempo en baja intensidad y con escasa atención, y los resultados en cuanto a conocimientos, habilidades y valores construidos en esa experiencia son de menor calidad que si se exigiera a los alumnos una mayor dedicación y responsabilidad en el uso del espacio temporal.

A contrapelo, en el trabajo industrial, el tiempo que se dedica a la jornada laboral, es tiempo que se dedica exclusivamente a eso: a trabajar.

Siento que es un desperdicio de la vida, gastar tiempo sin dedicación ni concentración, y sin la entrega y el entusiasmo que exige la aventura del aprender.

La otra enseñanza del trabajo industrial es que se trabaja durante la jornada laboral, y una vez terminada el obrero es dueño absoluto de su tiempo para dedicarlo a lo que el quiera.

En la enseñanza universitaria se da un efecto diverso, se encargan tareas y lecturas a los alumnos, para que las realicen en su tiempo libre, y bajo sus propias reglas pero ese tiempo lo dedican como es justo y normal en la juventud, a socializar, cortejar, recrearse en sus sueños y cargan sus conciencias porque tienen un trabajo pendiente que siempre se pospone y que al final dificulta tanto el aprendizaje extra clase como la convivencia con su gente.

Estudiar fundamentalmente en la sesión de trabajo, pudiera significar aumentar el tiempo que el alumno permanezca en el salón de clase o biblioteca, pero se compensa porque el tiempo que va a estar fuera va ser suyo.

TERCERO.- Cada jornada se maneja una cantidad adecuada de conocimientos.

En la industria los trabajadores deben alcanzar un mínimo de cantidad producida y se deben cumplir los planes de producción en la medida que estos sean debidamente elaborados.

Obviamente que la responsabilidad del maestro y del grupo de alumnos, es vital en la planeación de las cantidades de conocimientos abordados por sesión, y esto debe ser un trabajo conjunto y considerar la dificultad del material la especialidad de la terminología, las habilidades de los alumnos promedio.

Siempre vamos a encontrar un grupo de alumnos con mucha habilidad, la mayoría con habilidades y defectos comunes y un grupo pequeño con mayores deficiencias.

Por las diferencias de capacidades entre los alumnos, habrá algunos que requieran dedicar tiempo libre a mejorar la calidad de sus estudios y diseñar una estrategia de aprendizaje que incluya la dedicación del tiempo en el salón de clase más tiempo libre, pero debemos intentar que sean los menos.

Debemos facilitar que los alumnos diseñen y ejecuten sus aprendizaje durante el tiempo ad hoc para ello 2 horas menos 15 minutos de receso.

Eso les permite leer durante el tiempo de estudio y libertinar durante el tiempo libre.

CUARTO.- El aprendizaje se desarrolla bajo supervisión.

Ahora bien durante el tiempo de trabajo, la supervisión es indispensable, ese es el Quid de la producción Industrial, y hace la diferencia con ciertas formas de producción artesanal.

En los hábitos de aprendizaje, a veces nos parece encontrar procesos artesanales y obsoletos, por eso la supervisión y el apoyo del maestro en la sesión, puede significar el paso a la modernidad en la educación universitaria. Sobre todo en los primeros cuatro semestres de la carrera.

Cuando abordan un texto universitario, los alumnos desconocen una gran cantidad de palabras y no tienen el hábito de acudir sistemáticamente al diccionario, sino que prefieren dar por blanco el párrafo que aclarar el significado de una palabra y de todo el párrafo y a veces de todo el capitulo.

Por eso el acompañamiento de un maestro experto que oriente el sentido y contenido de los saberes, que lo enriquezca, que abra nuevas perspectivas al alumno, puede lograr que este empiece a construir su hábito por la búsqueda del conocimiento en un placer.

Con la debida supervisión y propia participación, el lector entiende lo que pasa ante sus ojos.

No hay peor enemigo del aprendizaje que leer una serie de palabras que no se comprenden y en consecuencia tampoco el sentido y perspectivas del texto.

Como en el trabajo industrial el trabajo académico también es colectivo, y los materiales deben ser los mismos y cada aprendix debe tener los materiales de estudio adecuada y oportunamente.

QUINTO.- Se debe controlar la calidad de los productos del trabajo académico.

La evaluación debe ser cotidiana, se lleva un control diario que sirve para conocer el proceso más que para obtener la calificación final considerando el estado de su cuaderno, portafolio, las participaciones en clase, los ensayos y el desempeño en las presentaciones, se recomienda que se reúnan alumnos de dos o más grupos y que se preparen las presentaciones con la mayor formalidad posible según el tiempo, y los recursos disponibles.

Durante el trabajo cotidiano evaluamos constantemente el avance de los alumnos, los cuales acumulan puntos para la calificación mensual, pero realmente se trata de indicadores del proceso.

3.-

INSTRUMENTACIÓN PRÁCTICA EN LA MATERIA DE SEMINARIO DE CULTURA JURÍDICA

TRABAJO CON LA APOLOGÍA

lectura en voz alta

En el trabajo con la apología, se hace lo siguiente: Se sortean los turnos para la lectura.

El alumno sorteado lee en voz alta un párrafo de 5 a 10 minutos aproximadamente, mientras los demás alumnos leen su texto en su sitio.

El maestro interrumpe la lectura para comprobar que todos estén leyendo con la concentración necesaria.

Se marcan notas cuando el alumno no está concentrado en la lectura, o no trae su material, o se comporta con desgano.

Aceptamos alumnos con problemas para leer o para aprender, pero no aceptamos alumnos que no quieran leer o aprender.

Al llegar a un párrafo clave que refiere los temas jurídicamente relevantes, se hace una pausa mayor para provocar un espacio dialéctico en las propuestas del autor, debatiendo entre y con los alumnos y confrontándolas con el presente.

Algunos temas obligados que tratamos y que se van apareciendo en la lectura de la obra son:
Importancia de una buena introducción en el discurso.
Actitud ética del abogado a contrapelo de los jovenzuelos ansiosos de medrar.
Formulas solemnes para la fijación de la litis.
Papel del juez y del abogado.
Prioridad del contenido en justicia sobre la forma en el decir.
Sobre la educación para que se hagan ciudadanos íntegros (las artes del hombre).
Acerca de la sabiduría.
La dialéctica como método para la búsqueda de la verdad jurídica e histórica.
La actitud moral como una práctica cotidiana.
La táctica discursiva de reducción al absurdo.
Vivir con honor antes que solo vivir.
Acerca de la Muerte.
La trasmigración al Hades y los grandes encuentros.
Y una gran cantidad de temas que los maestros y alumnos van descubriendo en el desarrollo del texto.
Se seleccionan los párrafos fundamentales vinculados a los temas propuestos y se encargan pequeñas redacciones de los temas analizados, sin profundizar mucho en la escritura.
Se debe evaluar diariamente el trabajo hecho.

La declamación coral

Después de leer la versión prosificada, se trabaja en grupo con la versión en poesía coral.
Ahora es el tiempo de unir las individualidades fortalecidas con la lectura.
La versión de poesía coral se trabaja en grupos de 20 alumnos, y está dividida en párrafos que se declaman individualmente y párrafos que se declaman en coro.
El trabajo también se hace en el salón en tiempo de clase y se corrigen las imperfecciones, se sincronizan los grupos sobre todo en los coros y se subrayan algunos mensajes vitales en la lectura. Esta segunda parte tiene por objeto que los alumnos repitan la lectura y reagrupen los textos en los temas principales.
Este esfuerzo culmina con la presentación de la lectura en público y la evaluación del grupo. Empleamos un mes en este esfuerzo y obtenemos un resultado: Los alumnos empiezan a leer con corrección y empiezan a elevar la voz y a darle entonación dramática a la expresión oral además conocen la apología y discuten acerca de ella.
FINALMENTE se presenta públicamente la declamación coral de cada uno de los grupos pudiendo auxiliarse con el texto durante la presentación.
A estas presentaciones que se hacen en algún auditorio de la universidad, suelen asistir, parejas de los compañeros, amigos, y eventualmente padres o parientes.

4.-
TÉCNICA PARA LA
LECTURA ACADÉMICA.
"DON ARNULFO"

¡Ah como atrae el círculo familiar!, este proceso de lectura lo propongo en honor a mi padre, un hombre metódico, responsable y enérgico, pulcro en el vestir que regulaba su día a día mediante un plan riguroso de actividades, a pesar de que solo estudio primaria, que fue incorporado por la revolución a los 11 años de edad, ejerció su oficio de mecánico electricista hasta los 89 años. Fue el tronco junto con Emmy de una familia que inicio con 11 hijos y ahora pasa de los 150 miembros.

Con las lecturas corales, los alumnos han desarrollado sus habilidades de lectura y podemos usar un procedimiento más complicado tendiente cada vez más a sustituir la heteroregulación de la lectura por la auto- regulación, la cual se podrá lograr después de terminar los primeros cuatro semestres, siempre y cuando se hayan seguido los términos de esta práctica como método para promover las estrategias de aprendizaje basadas en la lectura.

Esta técnica realmente produce rutinas de trabajo crítico y reflexivo y acerca al alumno a una práctica científica para la investigación documental.

Después de haber cursado los 5 años obligados de cursos en el período 1967-1972. Y haberme titulado en la UACJ en 1979; De practicar cotidianamente el derecho en las cuatro ramas fundamentales en el litigio durante los últimos 30 años, 10 de funcionario público, (No ha habido un solo día desde que empecé mi práctica profesional, que no reflexione sobre un caso específico con repercusiones jurídicas.).

Después de impartir clases en escuelas preparatorias durante 10 años; De impartir clases en esta universidad en dos periodos de agosto de 1974 a enero de 1976 y desde octubre de 1998; De cursar la maestría en Educación, aplicar este método desde 2003, creo tener la experiencia para proponer que se generalice y se haga obligatorio para los alumnos de primer ingreso del primero al cuarto semestre, en las siguientes materias.

Historia del Derecho.
Lectura y Redacción.
Investigación Documental.
Seminario de Cultura Jurídica.
Introducción al derecho.
Teoría del Derecho.
Lógica jurídica.
Metodología jurídica.
Teoría del Estado.
Derecho Constitucional.
Derecho Civil personas, bienes y sucesiones.
Derecho Civil obligaciones.
Derecho Penal primer curso.
Derecho laboral. (Historia y Principios Generales.)

Habiendo vivido la experiencia de la lectura académica orientada y supervisada según las normas siguientes y habiendo constatando la adquisición de información y el desarrollo de habilidades para leer, escribir, y argumentar por parte de los alumnos en un solo curso, propongo que:

Generalizando el método, con el rigor que se requiere en su aplicación estaremos egresando alumnos del primer nivel que hayan penetrado en las lecturas de los textos, reflexionado sobre el derecho, que conozcan los conceptos y teorías fundamentales con mayor precisión y profundidad que los alumnos egresados actualmente;

Alumnos que disfruten de la lectura, que se sientan cómodos leyendo un libro, que puedan emprender tareas de lectura e investigación documental de nivel científico. Y que en consecuencia estén aptos para abordar el segundo grupo de materias que se caracterizan por su inminente aplicación profesional. (Finalmente si lo aplican y no les da resultado, me buscan y les regreso el importe del libro)

Esta técnica avanzada, la aplico con motivo de las lecturas paralelas de textos de la Política y del Manifiesto Comunista, y de El Príncipe y el "Discurso Acerca de la Desigualdad de los Hombres" y en el curso de Introducción al Derecho, donde se manejan a los autores Eduardo García Máynez y Manuel Atienza.

Es una propuesta concreta de "Lectura y escritura académica."

Se trata de sistematizar la lectura y redacción de textos según las normas científicas de investigación vinculadas al aprendizaje del derecho.

Este método de trabajo exige rigor y sistematización en la ejecución y aplicamos los siguientes pasos que se siguen con todo orden y rigor profesional.

Se trata de exigirles a los alumnos una conducta profesional, como si estuvieran frente a un tribunal.

Primera sesión.

1.- Se dispone de tiempo de clase para que los alumnos lean bajo la supervisión y auxilio del profesor.

2.- L os alumnos seleccionan y subrayan los párrafos fundamentales del texto. (dos o tres por página)

3.- Copian a su cuaderno citas textuales de sus lecturas 20 páginas aproximadamente por sesión de 2 horas...

Segunda sesión.

4.- Los alumnos intercambian las citas con un compañero vía Internet con copia al maestro (puede ser en papel pero resulta impráctico).

5.- Los alumnos transcriben a su cuaderno las citas diferentes recibidas de su compañero y las comentan por escrito, junto con las propias.

6.- Los alumnos que se seleccionan al azar, leen las citas que escogió, y las que recibió de parte de su compañero y leen las observaciones que hizo.

7.- Cuaderno en mano se abre un debate entre todos los asistentes, por equipos, y se complementan con observaciones del maestro (en esto consiste el principio medieval de "magíster dixit").

8.- Los alumnos hacen un pequeño ensayo sobre alguno de los temas surgidos.

9.- Evaluación inmediata

Para que la propuesta funcione debe hacerse una evaluación inmediata impulsando a que hagan mejores citas, interpretaciones, intervenciones más afortunadas.

5.-

ANTÍGONA

Una propuesta para el uso del teatril como una estrategia de lectura académica.

La enseñanza del Derecho, en esta Universidad se ve frente a dos retos que ha de superar en el menor tiempo posible: diseñar programas constructivistas y desarrollar estrategias de aprendizaje para que los egresados puedan enfrentar la práctica de los juicios orales en materia penal por lo pronto y en materia civil después.

Como un intento de abordar ambos retos, presento esta adaptación de la Antígona de Sófocles, preparada para leerse colectivamente en la especie teatril del genero representación teatral.

En la adaptación se respetan los diálogos originales, que contienen reflexiones jurídicas, y la historia dramática de la familia de los "Lablacidas" se deja en manos de un narrador, para tratar de convertirla en una herramienta de la enseñanza del derecho.

Para el rediseño constructivista de las materias de Introducción al Derecho, Seminario de Cultura Jurídica, y Derecho Laboral, se propone el uso del teatro como un eficaz método de enseñanza, esta propuesta ya ha sido aplicada con mediano éxito por el autor en diversos montajes en la materia de derecho laboral y de introducción al derecho.

Sin embargo el uso de la técnica debe combinarse con una subrayada reflexión jurídica y un ejercicio crítico de los alumnos al identificar y actualizar algunos de los discursos fundamentales de la obra que aun hoy tienen plena vigencia, sobre todo en un mundo internacionalizado que de repente parece estar preso en las manos de "Creontes redivivos".

La Estrategia que propongo la denomino "Trayendo la vida al aula" porque pretende sumergir al alumno en la vida misma, donde se dan los conflictos jurídicos con efectos en la vida de las personas que se ven involucradas. Y como trabajamos en un salón de clases, ya que no podemos ir a la montaña, traigamos la montaña a casa. Y este es un esfuerzo más en esta idea de rediseño de la enseñanza del Derecho.

Pretendo inspirarme en Paulo Freire para desarrollar las diferentes intentos de rediseño, si no lo logro es porque mas veces intenta uno algo sin conseguirlo que la inversa.

En este ejercicio, pretendo recuperar en los alumnos el redescubrimiento del valor de la voz, como expresión del lenguaje.

El lenguaje es la base para la mediación en la adquisición del conocimiento "reciproco, por ambos lados a la vez" como dice Sófocles refiriéndose a la muerte de los hermanos Polinice y Etéocles.

Además para los alumnos que habrán de encontrarse en un tribunal donde la voz es la vía de concreción de la previa preparación para el juicio, y a la vez la verbalización del "insigth" que se presenta durante el discurso de defensa o acusación, hablar en publico se traduce en un aprendizaje importante que ha de conducir al próximo abogado en el ejercicio de la profesión.

El rescate de la voz, la diversificación del leguaje y el enriquecimiento del léxico del abogado es una necesidad de primer orden en la actualidad, junto con la conformación de un Licenciado en Derecho cada vez más culto.

El uso de la voz se convierte en indispensable para el nuevo abogado, y no se trata solo de hablar, sino de hablar bien, claro y fuerte, como advierte "El corifeo" en los diálogos de Creonte y Hemón. Y hablar fuerte y claro, lograr un adecuado uso de la voz es algo que se aprende con la práctica. Un buen razonamiento debe complementarse con una buena voz, con una buena capacidad de improvisación, con un buen manejo del escenario teatral que constituirán los juicios orales.

Adicionalmente esta lectura trae aparejado el descubrimiento de los clásicos, lo impresionante de la exactitud jurídica con que Sófocles trata los grandes temas del "derecho del hombre", del "derecho divino"; De la lucha entre el autoritarismo y la prudencia en la aplicación de la ley, y...

Finalmente la sanción implícita en todas nuestras acciones, el destino traducido en el sufrimiento de las penas merecidas, por nuestros propios hechos.

Esta experiencia puede facilitar un conocimiento significativo en los alumnos de primer ingreso en las asignaturas de Introducción al Derecho y Seminario de cultura Jurídica. Se promueve el hábito de la buena lectura, la lectura en voz alta debe ser bien hecha, respetando la puntuación, la acentuación de las palabras, la entonación de la intención del discurso, y sentimos que los estudiosos en el silencio que rodea el gabinete de la computadora merecen la oportunidad de escucharse.

II.-

VERSIÓN PARA LECTURA CORAL

LA APOLOGÍA DE SÓCRATES DE PLATÓN

Gustavo de la Rosa Hickerson

Seminario de Cultura Jurídica

UACJ-ICSA-JUR

Nota: cada lector se adjudica un número del 1 al 20 y va leyendo el texto que aparece frente al suyo, al mismo tiempo los 20 lectores se organizan en 4 coros de 5 elementos cada uno se identifican alfabéticamente y van declamando los coros según corresponde a su letra.

Así que tercera llamada empezamos...

APOLOGÍA DE SÓCRATES

Introducción

1.- Ignoro qué impresión habrán despertado en ustedes las palabras de mis acusadores. Han hablado tan seductoramente que al Escucharlas, casi han conseguido deslumbrarme a mí mismo.

2.- Y de todas las falsedades que han urdido, hay una que me deja lleno de asombro.

3.- Aquella en que se decía que tienen que precaverse de mí,

4.- Y no dejarse embaucar porque soy una persona muy hábil en el arte de hablar.

A.- CORO

Y, ¡por Zeus! que no les seguiré el juego compitiendo con frases rebuscadas, ni con bellos discursos escrupulosamente estructurados como es propio de los de su calaña.

5.- Usare el mismo lenguaje que acostumbro en el ágora, curioseando las mesas de los cambistas o en cualquier sitio donde muchos de ustedes me han oído.

6.- Porque, además, a la edad que tengo sería ridículo que pretendiera presentarme ante ustedes con sofisticados parlamentos,

7.- Propios más bien de los jovenzuelos con ilusas aspiraciones de medrar con encendidos discursos.

8.- Por eso, debo rogar -aunque creo tener el derecho a exigirlo- Que no den importancia a mi manera de hablar y de expresarme (que no dudo de que las habrá mejores y peores)

9.- (con una gran voz) Que, pongan atención exclusivamente en si digo cosas justas o no.

B.- CORO

Pues, en esto, en el juzgar, consiste la misión del juez, y en el decir la verdad, la del orador.

10.- Así pues, lo correcto será que pase a defenderme.

11.- En primer lugar de las que fueron las primeras acusaciones propagadas contra mí por mis antiguos acusadores. Los que tomándolos a muchos de ustedes desde niños los persuadían

12.- (enfáticamente) Y me acusaban mentirosamente diciendo que:

13.- Hay un tal Sócrates, sabio, que se ocupa de las cosas celestes, que investiga todo lo que hay bajo la tierra y que hace más fuerte el argumento más débil.

14.- Convengamos, pues, conmigo, que dos son los tipos de acusadores con los que debo enfrentarme:

15.- Unos, los más antiguos y otros, los que me han acusado recientemente.

16.- Por ello, permitidme que empiece por desembarazarme primero de los más antiguos,

17.- Pues fueron sus acusaciones las que llegaron antes a su conocimiento y durante mucho más tiempo que las recientes y debo hacerlo en tan poco tiempo como se me ha concedido.

18.- Sin embargo, que la causa tome los derroteros que sean gratos a los dioses. Lo mío es obedecer a la ley y abogar por mi causa.

19.- Imaginémonos que se tratara de una acusación formal y pública y oímos recitarla delante del tribunal.

C.- CORO

<Sócrates es culpable porque se mete donde no le importa, investigando en los cielos y bajo la tierra. Práctica hacer fuerte el argumento más débil e induce a muchos otros para que actúen como él.>

20.- Algo parecido encontraréis en la comedia de Aristófanes, donde un tal Sócrates se pasea por la escena, vanagloriándose de que flotaba por los aires, soltando mil tonterías sobre asuntos de los que yo no entiendo ni poco ni nada.

1.- Pero nada de cierto hay en todo esto, ni tampoco si les han contado que yo soy de los que intentan educar a las gentes y que cobran por ello.

2.- Y también puedo probar que esto no es verdad y no es que no encuentre hermoso el que alguien sepa dar lecciones a los otros,

3.- Así lo hacen Gorgias de Leontinos o Pródicos de Ceos o Hipias de Hélide,

4.- Que van de ciudad en ciudad, fascinando a la mayoría de los jóvenes y a muchos otros ciudadanos que podrían escoger libremente y gratis, la compañía de otros hombres

5.- Y que, sin embargo, prefieren abandonarles para escogerles a ellos para recibir sus lecciones por las que deben pagar y, aún más, estarles agradecidos.

6.- Si yo poseyera este don me satisfaría y orgullosamente lo proclamaría. Pero, en realidad es que no entiendo nada sobre eso.

7.- La sabiduría

8.- Alguno de vosotros me dirá, quizá: *"Pero Sócrates, ¿que es lo que haces? ¿De donde nacen estas calumnias que se han propalado contra ti?*

9.- *¿Por qué? Si te has limitado a hacer lo mismo que hacen los demás ciudadanos, jamás debieron esparcirse tales rumores. Dinos, pues, el hecho de verdad, para que no formemos un juicio temerario."*

10.- La reputación que yo haya podido adquirir no tiene otro origen que una cierta sabiduría que existe en mí. ¿Cual es esta sabiduría?

D.- CORO

Por testigo de mi sabiduría os daré al mismo Dios de Delfos, que os dirá si la tengo y en que consiste.

11.- Todos conocen a Querefon, mi compañero en la infancia, como lo fue de la mayor parte de ustedes, y que fueron desterrados juntos, y con ustedes volvió.

12.- Ya saben que hombre era Querefon y que entusiasta era en cuanto emprendía.

13.- Un día, habiendo partido para Delfos, tuvo el atrevimiento de preguntar al oráculo *¿si había en el mundo un hombre más sabio que yo?*;

14.- La Pythia le respondió *que no había ninguno*. Querefon ha muerto, pero su hermano, que está presente, podrá dar fe de ello.

15.- Cuando supe la respuesta del oráculo, dije para mí; ¿Que quiere decir el dios? ¿Que sentido ocultan estas palabras?;

16.- Porque yo se sobradamente que en mi no existe semejante sabiduría ni pequeña ni grande.

17.- ¿Que quiere, pues, decir al declararme el más sabio de los hombres?

18.- Porque él no miente. La Divinidad no puede mentir.

19.- Dude largo tiempo del sentido del oráculo hasta que, por último, después de gran trabajo, me propuse hacer la prueba siguiente:

20.- Fui a casa de uno de nuestros conciudadanos que pasa por uno de los más sabios de la ciudad. Yo creía que allí, mejor que en otra parte, encontraría materiales para rebatir el oráculo

Y... presentarle un hombre más sabio que yo, por más que me hubiese declarado el más sabio de los hombres.

1.- Examinando, pues, a este hombre, de quien baste decir que era uno de nuestros grandes políticos, sin necesidad de descubrir su nombre,

2.- Y conversando con él, me encontré con que todo el mundo lo creía sabio, que el mismo se tenía por tal y que en realidad no lo era.

3.- Después de este descubrimiento me esforcé en hacerle ver que de ninguna manera era lo que el creía ser.

4.- ¡He aquí! ya lo que me hizo odioso a este hombre y a los amigos suyos que asistieron a la conversación.

5.- Luego que dé el me separe razonaba conmigo mismo y me decía:

A.- CORO

Yo soy más sabio que este hombre.

6.- Puede muy bien suceder que ni él ni yo sepamos nada de lo que es bello y de lo que es bueno, Pero hay esta diferencia, *que el cree saberlo aunque no sepa nada y yo, no sabiendo nada, creo no saber.*

B.- CORO

El cree saberlo aunque no sepa nada y yo, no sabiendo nada, creo no saber

7.- Me parece, pues, que en esto yo, aunque poco mas, era más sabio. Porque no creía saber lo que no sabía.

C.- CORO

¡Oh Dios!, he aquí, atenienses, el fruto que saque de mis indagaciones,

8.- *Porqué es preciso decir verdad: todos aquellos que pasaban por ser los más sabios me parecieron no serlo.*

9.- *Al contrario todos aquellos que no gozaban de esta opinión los encontré en mucha mejor disposición para serlo.*

10.- Después de estos grandes hombres de Estado me fui a *los poetas*, tanto a los que hacen tragedias como a los poetas ditirámbicos y otros,

11.- No dudando que con ellos si me sorprendería encontrándome más ignorante que ellos.

12.- Para esto examiné las obras suyas que me parecieron mejor trabajadas y les pregunte lo que querían decir y cuál era su objeto.

13.- Pudor tengo, atenienses, en deciros la verdad; pero no hay remedio, es preciso decirla.

14.- No hubo uno de todos los que estaban presentes, incluso los mismos autores, que supiese hablar ni dar razón de sus poemas.

15.- Y al mismo tiempo, me convencí que, a titulo de poetas, se creían los más sabios en todas materias si bien nada entendían.

16.- Los deje, pues, persuadido de que era yo superior a ellos, por la misma razón que lo había sido respecto a los hombres políticos.

17.- En fin, fui en busca de los artistas. Estaba bien convencido que yo nada entendía de su profesión,

18.- Que los encontraría muy capaces de hacer muy buenas cosas y en esto no podía engañarme.

19.- Pero, atenienses, los más entendidos entre ellos incurría en el mismo defecto que los poetas.

20.- Porque no halle uno que, a titulo de ser buen artista, no se creyese muy capaz y muy instruido en las más grandes cosas y esta extravagancia quitaba todo el merito a su habilidad.

1.- Me pregunte, pues, a mí mismo, como si hablara por el oráculo,

1.- Si quería más ser tal como soy, sin la habilidad de estas gentes e igualmente sin su ignorancia.

3.- O bien tener la una y la otra y ser como ellos,

4.- *Y me respondí a mi mismo y al oráculo que; ¡Era mejor para mí ser como soy!*

5.- *Y me respondí a mi mismo y al oráculo que; ¡Era mejor para mí ser como soy!*

6.- Todos los que me escuchan creen que yo se todas las cosas sobre las qué descubro la ignorancia de los demás.

7.- Me parece, atenienses, que solo Dios es el verdadero sabio.

8.- Y si el oráculo ha nombrado a Sócrates, sin duda se ha valido de mi nombre como un ejemplo y como si dijese a todos los hombres:

D.- CORO

"El mas sabio entre vosotros es aquel que reconoce como Sócrates que su sabiduría no es nada."

9.- Por otra parte, muchos jóvenes de las más ricas familias, en sus ocios, se unen a mí de buen grado y tienen tanto placer en ver de qué manera pongo a prueba a todos los hombres.

10.- Que quieren imitarme con aquellos que encuentran; Y no hay que dudar que encuentran una buena cosecha.

11.- Porque son muchos los que creen saberlo todo, aunque no sepan nada o casi nada.

12.- Todos aquellos que se convencen de su ignorancia la toman conmigo y no con ellos. Y van diciendo que hay un cierto Sócrates, que es un malvado y un infame que corrompe a los jóvenes.

13.- Y se desatan con esos cargos triviales que ordinariamente se dirigen contra los filósofos:

14.- *Que indaga lo que pasa en los cielos y en las entrañas de la tierra, que no cree en los dioses, que hace buenas las más malas causas;*

15.- *Que indaga lo que pasa en los cielos y en las entrañas de la tierra, que no cree en los dioses, que hace buenas las más malas causas;*

16.- Y todo porque no se atreven a decir la verdad, que es que Sócrates los sorprende y descubre que se figuran que saben, cuando no saben nada.

A.- CORO

He aquí, atenienses, la verdad pura; no oculto ni disfrazo nada, aun cuando no ignoro que cuanto digo no hace más que envenenar la llaga; y esto prueba que digo la verdad y que tal es el origen de estas calumnias.

17.- Aquí está una apología que considero suficiente contra mis primeras acusaciones.

El debate

18.- Por lo que, ahora, toca defenderme de las acusaciones de Melito. El honrado y entusiasta patriota Melito, según el mismo se confiesa y con él, al resto de mis recientes acusadores.

19.- Veamos cuál es la acusación jurada de éstos y ya es la segunda vez que nos la encontramos y démosle un texto como a la primera.

B.- CORO

El acta diría así: *Sócrates es culpable de corromper a la juventud, de no reconocer a los dioses de la ciudad, y por el contrario, sostiene extrañas creencias y nuevas divinidades.*

20.- ¿Quien hace mejores a los jóvenes?

1.- <Sócrates>Acércate, Melito, y respóndeme: ¿No es verdad que es de suma importancia para ti el que los jóvenes lleguen a ser lo mejor posible?

2.- <Melito>Ciertamente.

1.- <Sócrates>-EA, pues, y de una vez: explica a los jueces, aquí presentes, quién es el que los hace mejores. Porque es evidente que tú lo sabes ya que dices se trata de un asunto que te preocupa. Pero vamos hombre, dinos de una vez quien los hace mejores o peores.

2.- <Melito> Las leyes.

1.- <Sócrates> Pero, si no es eso lo que te pregunto, amigo mío, sino cuál es el hombre, sea quien sea, pues se da por supuesto que las leyes ya se conocen.

2.- <Melito> Ah sí, Sócrates, ya lo tengo. Esos son los jueces.

1.- <Sócrates> ¿He oído bien, Melito? ¿Que quieres decir? ¿Qué estos hombres son capaces de educar a los jóvenes y hacerlos mejores?

3.- <Melito>-Ni más ni menos.

4.- <Sócrates>-Y, ¿cómo? ¿Todos?, o, ¿unos si y otros no?

5.- <Melito> -Todos sin excepción.

4.- <Sócrates> ¡Por Hera!, que te expresas de maravilla. ¡Qué grande es el número de los benefactores, que según tú sirven para este menester...! Y, ¿el público aquí asistente, también hace mejores o peores a nuestros jóvenes?

5.- <Melito> También.

4.- <Sócrates>-¿Y los miembros del Consejo?

5.- <Melito> Esos también.

6.- <Sócrates>Veamos, aclárame una cosa: ¿serán entonces, Melito, los que se reúnen en Asamblea, los asambleístas, los que corrompen a los Jóvenes? O, ¿también ellos, en su totalidad los hacen mejores?

7.- <Melito> -Es evidente que si.

C.- CORO

Parece, pues, evidente que todos los atenienses contribuyen a hacer mejores a nuestros jóvenes. Bueno; todos, menos uno, que soy yo, el único que corrompe a nuestra juventud. ¿Es eso lo que quieres decir?

7.- <Melito> Sin lugar a dudas.

6.- <Sócrates>-Grave es mi desdicha, si esa es la verdad. ¿Qué buena suerte la de los jóvenes si sólo uno pudiera corromperles y el resto ayudarles a ser mejores.

1.- ¿Vivir entre malvados?

8.- Pero, ¡por Zeus!, dinos todavía: que vale más, ¿vivir entre ciudadanos honrados o entre malvados? EA, hombre, responde, que tampoco te pregunto nada del otro mundo. ¿Verdad que los malvados son una amenaza y que pueden acarrear algún mal, hoy o mañana, a los que conviven con ellos?

9.- <Melito> Sin lugar a duda.

8.- <Sócrates> ¿Existe algún hombre que prefiera ser perjudicado por sus vecinos, o todos prefieren ser favorecidos? Sigue respondiendo, honrado Melito, porque además la ley te exige que contestes, ¿hay alguien que prefiera ser dañado?

9.- <Melito> No, desde luego.

8.- <Sócrates> Veamos pues: me has traído hasta aquí con la acusación de que corrompo a los jóvenes y de que los hago peores. Y esto, lo hago, ¿voluntaria o involuntariamente?

9.- <Melito>Muy a sabiendas de lo que haces, sin lugar a duda.

8.- <Sócrates> Y tú, Melito, que aún eres tan joven, ¿me superas en experiencia y sabiduría hasta tal punto de haberte dado cuenta de que los malvados producen siempre algún perjuicio a las personas que tratan y los buenos algún bien, y considerarme a mí en tan grado de ignorancia, que ni sepa si convierto en malvado a alguien de los que trato diariamente, corriendo el riesgo de recibir a la par algún mal de su parte, y que este daño tan grande, lo hago incluso intencionadamente? Esto, Melito, a mí no me lo haces creer y no creo que encuentres quien se lo trague: yo no soy el que corrompe a los jóvenes y en caso de serlo, sería involuntariamente y, por tanto, en ambos casos, te equivocas o mientes. Y si se probara que yo los corrompo, desde luego tendría que concederse que lo hago involuntariamente. Y en este caso, la ley ordena, advertir al presunto autor en privado, instruirle y amonestarle, y no, de buenas a primeras, llevarle directamente al Tribunal. Pues es evidente, que una vez advertido y entrado en razón, dejaría de hacer aquello que inconscientemente dicen que estaba, haciendo.

D.- CORO

Tú, has rehuido siempre el encontrarte conmigo, aunque fuera simplemente para conversar o para corregirme y has optado por traerme directamente aquí, que es donde debe traerse a quienes merecen un castigo y no a los que te agradecerían una corrección.

9.- ¿dioses o demonios?

10.- <Sócrates>Aclaremos algo más: explícanos cómo corrompo a los jóvenes. ¿No es -si seguimos el acta de la denuncia- que es enseñando a no honrar a los dioses que la ciudad venera y sustituyéndolas por otras divinidades nuevas? ¿Será, por esto, por lo que los corrompo?

11.- <Melito> Precisamente eso es lo que afirmo.

10.- <Sócrates>Bien, dices, por esta parte, que en concreto no creo en los dioses del Estado, sino en otros diferentes, más bien ¿sostienes que no creo en ningún dios y que además estas ideas las inculco a los demás?

11.- <Melito>Eso mismo digo: que tú no aceptas ninguna clase de dioses.

10.- <Sócrates>Ah, sorprendente Melito, ¿para qué dices semejantes extravagancias?

10.- ¿es que no considero dioses al sol, la luna, como creen el resto de los hombres?

11.- <Melito> ¡Por Zeus! Sabed, OH jueces, lo que dice: el sol es una piedra y la luna es tierra.

10.- <Sócrates> ¿Te crees que estás acusando a Anaxágoras, mi buen Melito? O, ¿desprecias a los presentes hasta tal punto de considerarlos tan poco eruditos que ignoren los libros de Anaxágoras el Clazomenio, que están llenos de tales teorías?

11.- <Melito>-¡por Zeus!: tú no crees en dios alguno.

10.- <Sócrates>Tú Melito, responde ¿Hay algún hombre en el mundo, Oh Melito, que crea que existen cosas humanas, pero que no crea en la existencia de hombres concretos? ¿Admites o no, y contigo el resto, que puedan existir demonios sin existir al mismo tiempo dioses concretos?

11.- <Melito> Imposible.

10.- <Sócrates> ¡Qué gran favor me has hecho con tu respuesta, aunque haya sido arrancada a regañadientes! Con ella afirmas que yo creo en entidades divinas, nuevas o viejas, y que enseño a creer en ellas, según tu declaración, sostenida con juramento. Luego, tendrás que aceptar que también creo en las divinidades concretas, ¿no es así? Puesto que callas, debo pensar que asientes. Y ahora, bien, prosigamos el razonamiento: ¿no es verdad que tenemos la creencia de que los demonios

son dioses o hijos de los dioses? ¿Estás de acuerdo, sí o
no?

11.- <Melito> Lo estoy.

CORO

En consecuencia, si yo creo en las demonios, como tú
reconoces, y los demonios son dioses, entonces queda bien
claro, que yo creo en los dioses, puesto que creo en los
demonios.

10.- <Sócrates> Y si estos son hijos de los dioses, aunque
fueran sus hijos bastardos, habidos de amancebamiento
con ninfas o con cualquier otro ser -como se acostumbra
a decir-, ¿Quién, de entre los sensatos, admitiría que
existen hijos de dioses, pero que no existen los dioses?
Sería tan disparatado como el admitir que pueda haber
hijos de caballos y de asnos, o sea, los mulos, pero
que negara, al mismo tiempo, que los caballos y asnos
existen. Dudo que encuentres algún tonto por ahí, con
tan poco juicio, que crea que una persona pueda creer
en demonios y dioses, y al mismo tiempo, no creer en
dioses. E s absolutamente imposible.

A.- CORO

Así pues, creo haber dejado bien claro de que no soy culpable,
si nos atenemos a la acusación de Melito. Con lo dicho, basta
y sobra.

Acerca de la Muerte

12.- Quizá alguno de vosotros, en su interior, me esté recriminando:

13.- «-¿No te avergüenza, Sócrates, el que te veas metido en estos líos a causa de tu ocupación y que te está llevando al extremo de hacer peligrar tu propia vida?»

14.- A éstos les respondería, y muy convencido por cierto:

CORO

"Te equivocas completamente, amigo mío, si crees que un hombre con un mínimo de valentía debe estar preocupado por esos posibles riesgos de muerte antes que por la honradez de sus acciones".

15.- Preocupándose sólo si son fruto de un hombre justo o injusto.

16.- Pues, según este razonamiento, habrían sido vidas indignas las de aquellos semidioses que murieron en Troya

17.- Y principalmente la del hijo de la diosa Tetis, (Aquiles)

B.- CORO

Para quien contaba tan poco la muerte, si había que vivir vergonzosamente, que llegó a despreciar tanto los peligros,

---

18.- Porque deseaba ardientemente matar a Héctor para vengar la muerte de su amigo Patroclo, Y cuando su madre, la diosa, más o menos le decía:

19.- «-Hijo mío, si vengas la muerte de tu compañero Patroclo y matas a Héctor, tú mismo morirás, pues tu destino está unido al suyo»,

20.- Y tras oír esto, tuvo a bien poco a la muerte y al peligro, y temiendo mucho más el vivir cobardemente que el morir por vengar a un amigo, replico:

C.- CORO

«Prefiero morir aquí mismo, después de haber castigado al asesino, que seguir vivo, objeto de burlas y desprecios, siendo carga inútil de la tierra, arrastrándome junto a las naves cóncavas».

1.- ¿Se preocupó, pues, de los peligros y de la muerte?

2.- Y es que así debe ser, ateniense.

3.- En efecto, el temor a la muerte no es otra cosa que creerse sabio sin serlo: presumir saber algo que se desconoce.

4.- Pues nadie conoce qué sea la muerte, ni si en definitiva se trata del mayor de los bienes que pueden acaecer a un humano.

5.- Por el contrario, los hombres la temen como si en verdad supieran que sea el peor de los males.

6.- Y, ¿cómo no va a ser reprensible esta ignorancia por la que uno afirma lo que no sabe?

7.- Pero, yo, atenienses, quizá también en este punto me diferenció del resto de los mortales.

8.- Si me obligaran a decir en qué soy más sabio,

9.- Me atrevería a decir que, en desconociendo lo que en verdad acaece en el Hades, no presumo saberlo.

10.-Antes por el contrario, sí que sé, y me atrevo a proclamarlo,

11.-Que el vivir injustamente y el desobedecer a un ser superior, sea dios o sea hombre, es malo y vergonzoso.

D.- CORO

Temo, pues, a los males que sé positivamente sean tales, pero las cosas que no sé si son bienes o males, no las temeré, ni rehuiré afrontarlas.

12.-Profundicemos un tanto la cuestión, para hacer ver que es una esperanza muy profunda la de que la muerte es un bien.

13.- Es preciso de dos cosas una: la muerte es un absoluto anonadamiento, una privación de todo sentimiento es un tránsito del alma de un lugar a otro.

14.- Si es la privación de todo sentimiento, un dormir pacífico que no es turbado por ningún sueño,

15.- ¿Que mayor ventaja puede presentar la muerte? Porque estoy persuadido de que después de haber pasado una noche muy tranquila sin ninguna inquietud, sin ninguna turbación, ¡Durmiendo profundamente! No solo un simple particular, sino el mismo gran rey, encontraría que aquella noche fue de las más felices de su vida.

16.- Si la muerte es una cosa semejante, la llamo con razón un bien;

17.- Porque entonces el tiempo, todo entero, no es más que una larga noche.

18.- Pero si la muerte es un tránsito de un lugar a otro y si, según se dice, allá abajo esta el paradero de todos los que han vivido.

A.- CORO

¿Qué mayor bien se puede imaginar, jueces míos?

19.- Porque si al dejar los jueces prevaricadores de este mundo, se encuentra en los infiernos a los verdaderos jueces. Que se dice que hacen allí justicia, Minos, Radamanto, Triptolemo

20.- Y todos los demás semidioses que han sido justos durante su vida,

1.- ¿No es este el cambio más dichoso?

2.- ¿A que precio no compraríais la felicidad de conversar con Orfeo, Museo, Hesiodo, y Homero? Para mí, si es esto verdad, moriría mil veces.

3.- ¿Qué transporte de alegría no tendría yo cuando me encontrase.

4.- Con Palamedes, con Áyax, hijo de Telamón, y con todos los demás héroes de la antigüedad que han sido víctimas de la injusticia?

5.- ¡Que placer el poder comparar mis aventuras con las suyas!

6.- Pero aun seria un placer infinitamente más grande para mi pasar allí los días,

7.- Interrogando y examinando a todos estos personajes, para distinguir los que son verdaderamente sabios de los que creen serlo y no lo son.

B.- CORO

¿Hay alguno, jueces míos, que no diese todo lo que tiene en el mundo por examinar al que condujo un numeroso ejército contra Troya, u Odisea o Sísifo, y tantos otros, hombres y mujeres, cuya conversación y examen seria una felicidad inexplicable?

8.- Estos no harían morir a nadie por este examen, porque, además de que son más dichosos que nosotros en todas las cosas,

9.- Gozan de la inmortalidad, si hemos de creer lo que se dice.

10.- Si a mí, después de todo esto, llegaran a decirme: «*Sócrates, nosotros no queremos hacer caso a Anito, sino que te absolvemos, pero con la condición de que no molestes a los ciudadanos y abandones tu filosofar. De manera, que en la próxima ocasión en que te encontremos ocupados en tales menesteres, debemos condenarte a morir.*»

11.- Si vosotros me absolvieran con esta condición, les replicaría:

12.- «Agradezco vuestro interés y os aprecio, atenienses, pero prefiero obedecer antes al dios que a vosotros y mientras tenga aliento y las fuerzas no me fallen, tened presente que no dejaré de inquietaros con mis interrogatorios y de discutir sobre todo lo que me interese, con cualquiera que me encuentre, a la usanza que ya os tengo acostumbrados»

13.- Y aún añadiría:

C.- CORO

«*OH tú, hombre de Atenas y buen amigo, ciudadano de la polis más grande y más renombrada por su intelectualidad y poderío. ¿No te avergüenzas de estar obsesionado por aumentar al máximo tus riquezas y con ello, tu fama y*

honores, y por el contrario descuidas las sabiduría y la grandeza de tu espíritu?»

14.- Insistiendo en que la virtud no viene de las riquezas, sino que las riquezas y el resto de bienes y la categoría de una persona vienen de la virtud, que es la fuente de bienestar para uno mismo y para el bien público.

15.- Resumiendo, pues, OH atenienses, creáis a Anitos o no le creáis, me absolváis o me declares culpable, yo no puedo actuar de otra manera.

16.- ¡Mil veces me condenarais a morir!

17.- Estad persuadidos de que si me hacéis morir en el supuesto de lo que acabo de declarar, el mal no será solo para mí.

D.- CORO

"En efecto, ni Anito ni Melito pueden causarme mal alguno, porque el mal no puede nada con el hombre de bien".

18.- Me harán quizá condenar a muerte, o a destierro, o a la perdida de mis bienes y de mis derechos de ciudadano; males espantosos a los ojos de Melito y de sus amigos; pero yo no soy de su dictamen.

19.- A mi juicio, el más grande de todos los males es hacer lo que Anito hace en este momento, que es trabajar para hacer morir un inocente.

Reflexiones sobre la virtud y la enseñanza.

20.- Quizá parecerá absurdo que me haya entrometido a dar a cada uno en particular lecciones y que jamás me haya atrevido a presentarme en las asambleas para dar mis consejos a la patria.

1.- Quien me lo ha impedido, atenienses, ha sido este demonio familiar, esta voz divina de que tantas veces he hablado y que ha servido a Melito para formar dolosamente un capitulo de acusación.

2.- Este demonio se ha pegado a mí desde mi infancia; es una voz que no se hace escuchar sino cuando quiere separarme de lo que he resuelto hacer, porque jamás me excita a emprender nada.

3.- Esa voz es la que se ha opuesto siempre cuando he querido mezclarme en los negocios de la republica; y ha tenido razón, porque ha largo tiempo, creedme, atenienses, que yo no existiría si me hubiera mezclado en los negocios públicos, y no hubiera podido hacer las cosas que he hecho en vuestro beneficio y el mío.

A.- CORO

_____

Es preciso de toda necesidad que el que quiere combatir por la justicia, por poco que quiera vivir, sea solo simple particular y no hombre público.

_____

4.- Voy a dar pruebas magnificas de esta verdad, no con palabras, sino con otro recurso que vale mas, con hechos.

5.- Escuchen lo que me ha sucedido, para que así conozcan cuan incapaz soy de someterme a nadie, yendo contra lo que es justo por temor a la muerte.

6.- Y como, no cediendo nunca es imposible que deje yo de ser víctima de la injusticia.

7.- Referiré cosas poco agradables, mucho más en boca de un hombre que tiene que hacer su apología, pero que son muy verdaderas.

8.- Ya saben, atenienses, que jamás he desempeñado ninguna magistratura y que tan solo he sido senador.

9.- La tribu antioquida, a la que pertenezco, estaba en turno en el Pritaneo cuando, contra toda ley, ustedes se empeñaron en procesar, a los diez generales que no habían enterrado los cuerpos de los ciudadanos muertos en el combate naval de las Arginusas; injusticia que reconocieron y de la que se arrepintieron después.

10.- Entonces fui el único senador que se atrevió a oponerse a ustedes para impedir, esta violación de las leyes.

11.- Proteste contra su decreto y, a pesar de los oradores que se preparaban para denunciarme, a pesar de vuestras amenazas y vuestros gritos, preferí correr este peligro con la ley y la justicia que consentir con tal iniquidad, sin que me arredraran ni las cadenas ni la muerte.

B.- CORO

¿Creéis que hubiera yo vivido tantos años si me hubiera mezclado en los negocios de la republica y, como hombre de bien hubiera combatido toda clase de intereses bastardos para dedicarme exclusivamente a defender la justicia? *¡Esperanza vana, atenienses!; ni yo ni ningún otro hubiera podido hacerlo.*

12.- Pero la única cosa que me he propuesto toda mi vida en público y en particular es no ceder ante nadie, sea quien fuere, contra la justicia, ni ante esos mismos tiranos que mis calumniadores quieren convertir en mis discípulos.

13.- Jamás he tenido por oficio el enseñar y si ha habido algunos jóvenes o ancianos que han tenido deseo de verme a la obra y oír mis conversaciones, no les he negado esta satisfacción, porque como no es mercenario mi oficio, no rehusó el hablar, aun cuando con nada se me retribuye;

14.- Y estoy dispuesto siempre a espontanearme con ricos y pobres, dándoles toda anchura para que me pregunten y, si lo prefieren, para que me respondan a las cuestiones que yo suscite.

15.- Y si entre ellos hay algunos que se han hecho hombres de bien o pícaros, no hay que alabarme ni reprenderme por ello, porque no soy yo la causa, jamás he prometido enseñarles nada y, de hecho, nada les he enseñado; y si alguno se alaba de haber recibido lecciones privadas u oído de mi cosas distintas de las que digo públicamente a todo el mundo, ¡no dice la verdad!

16.- Están enterados, atenienses, por que la mayor parte de las gentes gustan escucharme y conversar detenidamente conmigo; porque siempre les he dicho la verdad pura y...

17.- Porque tienen singular placer en combatir con gentes que se tienen por sabias y que no lo son; combates que no son desagradables para los que los dirigen.

18.- Como dije antes, es el dios mismo el que me ha dado esta orden por medio de oráculos, por sueños y por todos los demás medios de que la divinidad puede valerse para hacer saber a los hombres su voluntad.

19.- Pero, quizá, habrá alguno entre vosotros que, acordándose de haber estado en el puesto en que yo me hallo, se irritara contra mi, porque peligros mucho menores los ha conjurado suplicando a sus jueces con lagrimas y...

20.- Para excitar más la compasión, ha hecho venir aquí a sus hijos, sus parientes y sus amigos, mientras que yo no he querido recurrir a semejante aparato, a pesar de las señales que se advierten de que corro el mayor de todos los peligros.

1.- De suerte, atenienses, que tengo parientes y tengo tres hijos, de los cuales el mayor está en la adolescencia y los otros dos en la infancia y, sin embargo, no los haré comparecer aquí para comprometeros a que me absolváis.

2.- ¿Por qué no lo haré? No es por una terquedad altanera ni por desprecio hacia vosotros; y dejo a un lado si miro la muerte con intrepidez o con debilidad, porque esta es otra cuestión; sino que es por vuestro honor y por el de toda la ciudad.

3.- No me parece regular ni honesto que vaya yo a emplear esta clase de medios a la edad que tengo y con toda mi reputación verdadera o falsa.

C.- CORO

___

Además no me parece justo suplicar al juez ni hacerse absolver a fuerza de suplicas. Es preciso persuadirlo y convencerlo, porque el juez no está sentado en su silla para complacer violando la ley, sino para hacer justicia obedeciéndola.

___

4.- Así es como lo ha ofrecido por juramento y no está en su poder hacer gracias a quien le agrade, porque está en la obligación de hacer justicia.

5.- No es conveniente que los acostumbremos al perjurio ni ustedes deben dejarse acostumbrar; porque los unos y los otros seremos igualmente culpables para con los dioses.

6.- *¡No esperéis de mi atenienses, que yo recurra para con vosotros a cosas que no tengo por buenas, ni justas, ni piadosas, y menos que lo haga en una ocasión en que me veo acusado de impiedad por Melito!*

7.- Si los ablandase con mis suplicas y los forzase a violar vuestro juramento, seria evidente que les enseñaría a no creer en los dioses y, queriendo justificarme, probaría, contra mi mismo, que no creo en ellos.

8.- Pero es una fortuna, ateniense, que este yo en esta creencia.

9.- Estoy más persuadido de la existencia de Dios que ninguno de mis acusadores; y es tan grande la persuasión que me entrego a vosotros y al dios de Delfos, a fin de que me juzguéis como creáis mejor, para vosotros y para mí. (Terminada la defensa de Sócrates, los jueces, que eran

556, procedieron a la votación y resultaron 281 votos
en contra y 275 a favor; y Sócrates condenado por una
mayoría de 6 votos, tomo la palabra y dijo:)

La sentencia

10.- No creáis, atenienses, que me haya conmovido el fallo
que acabáis de pronunciar contra mi, y esto por muchas
razones: la principal, porque ya estaba preparado para
recibir este golpe.

11.- Mucho más sorprendido estoy con el número de votantes
en pro y en contra y no esperaba verme condenado por
tan escaso número de votos.

12.- Advierto que solo por tres votos no he sido absuelto.

13.- Ahora veo que me he liberado de las manos de Melito;
y no solo liberado, sino que les consta a todos que si
Anito y Licon no se hubieran levantado para acusarme,
Melito hubiera pagado seis mil dracmas por no haber
obtenido la quinta parte de votos.

14.- Melito me juzga digno de muerte; en buena hora. ¿Y
yo de que pena me juzgare digno? Veréis claramente,
atenienses, que yo no escojo más que lo que merezco.

15.- ¿Y cual es? ¿A que pena, a que multa voy a condenarme
por no haber callado las cosas buenas que aprendí
durante toda mi vida? Por haber despreciado lo que los
demás buscan con tanto afán, las riquezas, el cuidado de
los negocios domésticos, los empleos y las dignidades.

D.- CORO

_____

Por convencerlos de que no atiendan a las cosas que les pertenecen antes que al cuidado de ustedes mismos, para hacerse mas sabios y mas perfectos, lo mismo que es preciso tener cuidado de la existencia de la republica antes de pensar en las cosas que le pertenecen.

_____

16.- Dicho esto, ¿de que soy digno? De un gran bien, sin duda, atenienses, si proporcionan verdaderamente la recompensa al mérito;

17.- De un gran bien que puede convenir a un hombre tal como yo.

18.- ¿Y que es lo que conviene a un hombre pobre, que es vuestro bienhechor y que tiene necesidad de un gran desahogo para ocuparse en exhortarlos?

19.- Nada les conviene tanto, atenienses, como el ser alimentado en el Pritaneo

20.- Y esto le es mas debido que a los que, han ganado el premio en las carreras de caballos y carros en los juegos olímpicos; porque estos, con sus victorias, hacen que aparezcamos felices

1.- Y yo los hago felices, no en la apariencia, sino en realidad.

2.- Por otra parte, ellos no tienen necesidad de este socorro y yo si la tengo.

3.- Si en justicia es preciso adjudicarme una recompensa digna de mí, esta es la que merezco; el ser alimentado en el Pritaneo.

4.- Estando convencidísimo de que no he hecho daño a nadie, ¿cómo he de hacérmelo a mi mismo, confesando que merezco ser castigado e imponiéndome a mi mismo una pena?

5.- ¡Que! ¿Por no sufrir el suplicio a que me condena Melito, suplicio que verdaderamente no se si es un bien o un mal, iré yo a escoger alguna de esas penas, que se con certeza que es un mal y me condenare yo mismo a ella?

6.- ¿Será quizá una prisión perpetua? ¿Y que significa vivir siempre yo esclavo de los Once?

7.- ¿Será una multa y prisión hasta que la haya pagado? Esto equivale a lo anterior, porque no tengo con que pagarla.

8.- ¿Me condenare a destierro? quizá confirmaríais mi sentencia.

9.- Pero seria necesario que fuera tan obcecado en el amor a la vida, atenienses, si no viera que si ustedes, que son mis conciudadanos, no han podido sufrir mis conversaciones ni mis máximas y de tal manera os han irritado que no han parado hasta deshacerse de mí.

10.- Seguramente que con mucha mas razón los de otros países no podrían sufrirme.

11.- ¡Preciosa vida para Sócrates si, a sus años, arrojado de Atenas, se viera errante de ciudad en ciudad, como un vagabundo y como un proscrito!

12.- Se bien que, a doquiera que vaya, los jóvenes me escucharan, como me escuchan en Atenas; pero si no los rechazo, sus padres y parientes me arrojaran por causa de ellos.

13.- Pero me dirá quizá alguno: ¡Que Sócrates! ¿Si marchas desterrado, no podrás mantenerte en reposo y guardar silencio?

A.- CORO

Ya veo que este punto es de los mas difíciles de comprender, porque si digo que *callar en el destierro seria desobedecer a Dios y que, por esta razón, me es, imposible guardar silencio*, no me creerías y mirarías esto como una ironía.

14.- Y si por otra parte, dijese que el mayor bien del hombre es hablar de la virtud todos los días de su vida

15.- Y conversar sobre todas las demás cosas que han sido objeto de mis discursos,

16.- Ya sea examinándome a mi mismo, ya examinado a los demás, porque una vida sin examen no es vida, aun me creeríais menos.

17.- Así es la verdad, atenienses, por más que se resistan a creerla.

18.- En fin, no estoy acostumbrado a juzgarme acreedor a ninguna pena.

19.- Verdaderamente, si fuese rico, me condenaría a una multa tal, que pudiera pagarla, porque esto no me causaría ningún perjuicio; pero no puedo, porque nada tengo, a menos que queráis que la multa sea proporcionada a mi indigencia y, en este concepto, podría extenderme hasta a una mina de plata y a esto es lo que yo me condeno.

20.- Pero Platón, que esta presente, Criton, Critobolo y Apolodoro, quieren que me extienda hasta treinta minas de que ellos responden.

1.- Me condeno, pues, a treinta minas y he aquí mis fiadores, que ciertamente son de mucho abono.

2.- (Habiéndose Sócrates condenado a si mismo a la multa por obedecer a la ley, los jueces deliberaron y lo condenaron a muerte, y entonces Sócrates tomo la palabra y dijo:

Epílogo

3.- En verdad, atenienses, por demasiada impaciencia y precipitación vas a cargar con un baldón y dar lugar a vuestros envidiosos enemigos a que acusen a la república de haber ha echo morir a Sócrates, a este hombre sabio.

4.- Porque, para agravar su vergonzosa situación, ellos me llamaran sabio aunque no lo sea.

5.- En lugar de que si hubieses tenido un poco de paciencia, mi muerte venia de suyo y hubieses conseguido vuestro objeto, porque ya ves que, en la edad que tengo, estoy bien cerca de la muerte.

6.- No digo esto por todos los jueces, sino tan solo por los que me han condenado a muerte y a ellos es a quienes me dirijo. ¿Creen que yo hubiera sido condenado si no hubiera reparado en los medios para defenderme?

B.- CORO

No son las palabras, atenienses, las que me han faltado; es la impudencia de no haberles dicho cosas que les hubiera, gustado oír.

7.- Hubiera sido para vosotros una gran satisfacción haberme visto lamentar, suspirar, llorar, suplicar y cometer todas las demás bajezas que ven todos los días en los acusados.

8.- Pero, en medio del peligro, no he creído que debía rebajarme a un hecho tan cobarde y tan vergonzoso y, después de vuestra sentencia, no me arrepiento de no haber cometido esta indignidad.

C.- CORO

¡Prefiero morir después de haberme defendido como me he defendido que vivir por haberme arrastrado ante vosotros!

9.- Ni en los tribunales de justicia ni en medio de la Guerra debe el hombre honrado salvar su vida por tales medios.

10.- Sucede en todos los demás peligros; hay mil expedientes para evitar la muerte cuando esta uno en posición de poder decirlo todo o hacerlo todo.

11.- ¡AH, atenienses, no es difícil evitar la muerte; lo es mucho más evitar la deshonra, que mancha más ligera que la muerte!

12.- Esta es la razón porque, viejo y pesado como estoy, me he dejado llevar por la mas pesada de las dos, la muerte; mientras que la mas ligera, el crimen, esta adherida a mis acusadores, que tienen vigor y ligereza.

13.- Yo voy a sufrir la muerte, a la que me han condenado; pero ellos sufrirán la iniquidad y la infamia a que la verdad los condena.

14.- Con respecto a mi, me atengo a mi castigo y ellos se atendrán al suyo.

15.- Esta manera de libertarse de sus censores ni es decente ni posible.

16.- La que es a la vez muy decente y muy fácil es no cerrar la boca a los hombres, sino hacerse mejor.

17.- Lo dicho basta para los que me han condenado y los entrego a sus propios remordimientos.

18.- Con respecto a los que me han absuelto con sus votos, atenienses, conversare con el mayor gusto, mientras que los Once estén ocupados y no se me conduzca al sitio donde deba morir.

19.- Concédanme, os suplico, un momento de atención, porque nada impide que conversemos juntos, puesto que da tiempo.

20.- Quiero decir, como amigos, una cosa que acaba de sucederme y explicar lo que significa. Si, jueces míos (y llamándolos así no me engaño en el nombre); me ha sucedido hoy una cosa muy maravillosa.

1.- La voz divina de mi demonio familiar, que me hacia advertencias tantas veces y que en las menores ocasiones no dejaba jamás de separarme de todo lo malo que iba a emprender.

2.- Hoy, que me sucede lo que ven y lo que la mayor parte de los hombres tienen por el mayor de todos los males, esta voz no me ha dicho nada, ni esta mañana cuando salí de casa, ni cuando he venido al tribunal, ni cuando he comenzado a hablar.

3.- Sin embargo, me ha sucedido muchas veces que me ha interrumpido en medio de mis discursos y hoy a nada se ha opuesto, haya dicho o hecho yo lo que quisiera. ¿Qué puede significar esto?

4.- Voy a decirlo. Es que hay trazas de que lo me sucede es un gran bien y nos engañamos todos, sin duda, si creemos que la muerte es un mal.

5.- Una prueba evidente de ello es que si yo dejase de realizar hoy algún bien, el dios no hubiera dejado de advertírmelo como acostumbra.

6.- Esta es la razón, jueces míos, para que nunca perdáis las esperanzas aun después de la tumba, fundados en esta verdad: que no hay ningún mal para el hombre de bien ni durante su vida ni después de su muerte;

7.- Y que los dioses tienen siempre cuidado de cuanto tiene relación con el; porque lo que en este momento me sucede a mi no es obra del azar y estoy convencido

8.- De que el mejor partido para mi es morir desde luego y libertarme así de todos los disgustos de esta vida.

9.- He aquí por que la voz divina nada me ha dicho en este día. No tengo ningún resentimiento contra mis acusadores.

10.- Ni contra los que me han condenado,

11.- Aun cuando no haya sido su intención hacerme un bien, sino, por el contrario, un mal, lo que seria un motivo para quejarme de ellos. Finalmente solo una gracia tengo que pedirles.

CORO

Cuando mis hijos sean mayores, os suplico los hostiguéis, los atormentéis como yo os he atormentado a vosotros, si veis que prefieren las riquezas a la virtud y que se creen algo cuando no son nada.

12.- No dejéis de sacarlos a la vergüenza si no se aplican a lo que deben aplicarse y creen ser lo que no son;

13.- *Porque así es como yo he obrado con vosotros.*

14.- Si me concedéis esta gracia, lo mismo yo que mis hijos no podremos menos de alabar vuestra justicia.

15.- Pero ya es tiempo de que nos retiremos de aquí, yo para morir, vosotros para vivir. ¿Entre vosotros y yo, quien lleva la mejor parte? Esto es lo que nadie sabe, excepto Dios.

FIN.